In. 27. 18670.

# BÉNÉDICTION

## DU MARIAGE

DE

# M. CHARLES SCHLUMBERGER

AVEC

# M^LLE MÉLANIE ZUBER,

## DANS LA CHAPELLE DE RIXHEIM,

le Samedi 17 Avril 1852,

par ADOLPHE DUPUY, pasteur.

MULHOUSE,
Imprimerie de J. P. RISLER.
1852.

Notre Aide soit au nom de Dieu, qui a créé les cieux et la terre ! Amen.

L'Amour de Dieu le Père, la Grâce du Seigneur Jésus-Christ, et la Communion du Saint-Esprit soient avec nous tous dès maintenant et à jamais !

*Mes bien-aimés frères et sœurs en notre Seigneur J.-C.*

Voici de jeunes époux qui se présentent aux pieds des autels, devant cette Assemblée chrétienne, pour demander les bénédictions de l'Église, afin que leur union soit sanctifiée par la prière et par la Parole de Dieu.

Unissons-nous donc tous ensemble, de cœur et d'âme, pour demander au Seigneur de bénir cet acte si solennel, et de répandre sur ces époux tous les trésors de sa Grâce.

## PRIERE.

O Dieu, notre Père, tu as déclaré, dans ta Parole, *qu'il n'est pas bon que l'homme soit seul,* et tu as donné à l'homme et à la femme que tu as créés, la vocation de s'unir pour s'aimer, se consoler et se soutenir mutuellement dans la sainte communion du mariage. Nous te prions donc, Seigneur, d'accorder à ces nouveaux mariés ton Esprit de lumière, de force et de vérité, afin qu'ils sentent vivement toute l'importance et la gravité de cette union, et qu'ils en remplissent chrétiennement tous les devoirs. Seigneur, sanctifie leurs désirs et leurs affections; éloigne de leurs cœurs toutes les pensées charnelles, mondaines, et inspire-leur les dispositions nécessaires pour que leur union soit sainte, heureuse et bénie! Unis leurs cœurs dans ton amour, ô Éternel notre Dieu, toi qui es le fondement et le centre de la parfaite unité, afin qu'affermis dans la Foi, édifiés dans la charité, ils apprennent à t'aimer et à te servir, et qu'ils s'acquittent fidèlement l'un envers l'autre des devoirs de l'amour conjugal. Bénis, ô Dieu, par ta grâce, l'action sainte que nous allons accomplir, et ratifie, dans le ciel, l'alliance solennelle, qui va être contractée par ces époux au nom du Père, du Fils et du Saint-Esprit! Amen. —

## CHANT. [1]

O Liebe, die du ewig thronest,
Eh' du gelegt der Welten Grund,
Die du im Lichte selig wohnest
Als Vater mit dem Sohn im Bund!

---

[1] Ces paroles ont été composées par M. le pasteur Stœber, et mises en musique par M. Grisch. Tous les deux ont bien voulu prêter le concours de leur talent à cette solennité.

Du aller Liebe Quell und Sonne,
O sende deine Strahlen aus
Und giesse deine reinste Wonne
In dieses Brautpaars Herz und Haus!

Dreieinig bist du, höchste Liebe,
In ewig reiner Harmonie!
O heil'ge dieser Herzen Triebe,
Zu gleichem Einklang stimm' auch sie;
Und Beiden hauche stets dein Friede
Die selige Gewissheit ein,
Zu jauchzen mit dem Hohenliede:
»Mein Freund ist mein und ich bin sein!«

O halte sie in dir zusammen
Treuinnig bis zum letzten Hauch;
Lass glühn ihr Herz in reinen Flammen,
Wie heute, so im Alter auch.
O führe sie auf deinen Wegen
Dem Himmel zu, durch Freud und Leid;
Dann kröne sie mit ew'gem Segen,
Verklärt im weissen Hochzeitkleid.

———

(Aux époux devant l'autel).

*Mes bien-aimés en Jésus-Christ,*

Vous vous présentez devant Dieu pour implorer
ses bénédictions, et pour demander que votre union
conjugale soit ratifiée en présence de l'Église, et

bénie au nom de Dieu le Père, le Fils et le Saint-Esprit. Écoutez donc, mes bien-aimés, avec recueillement, ce que la Parole de Dieu nous enseigne sur la sainte institution du mariage et sur les devoirs mutuels des époux.

Au commencement, dit l'Écriture, Dieu créa les cieux et la terre. Il créa l'homme à son image; il le créa à l'image de Dieu. Il forma son corps de la poussière de la terre, et le doua d'une ame immortelle. Puis Dieu dit : *Il n'est pas bon que l'homme soit seul.* Et il lui donna, dans la femme, une aide, une compagne, qu'il forma de la chair même de l'homme, faisant comprendre par là l'union intime, profonde et mystérieuse qui doit exister entre les époux. Voilà pourquoi, ajoute la Parole de Dieu, l'homme quittera son père et sa mère, et s'attachera à sa femme, et ils ne seront qu'une seule chair. Ce lien, mes bien-aimés, est indissoluble; car, dit notre Seigneur Jésus-Christ, que l'homme ne sépare point ce que Dieu a joint ainsi.

Mes bien-aimés, le mariage est donc une institution divine. Dieu l'a institué comme fondement de la société humaine, et pour notre bonheur. Il a voulu que l'homme et la femme se complètent l'un par l'autre; et, voilà pourquoi, lorsque l'Éternel, dans sa souveraine sagesse, a prononcé cette Parole : *Il n'est pas bon que l'homme soit seul,* et qu'il lui a donné une compagne semblable à lui, il a, par là-même, imposé aux époux des devoirs réciproques et sacrés.

Vous, maris, dit la Parole de Dieu, aimez vos femmes comme Christ a aimé son Église. Ne vous aigrissez point contre elles. Conduisez-vous avec prudence envers elles, comme envers un sexe plus faible, puisqu'elles hériteront, aussi bien que vous, de la vie éternelle.

Et vous, femmes, soyez soumises à vos maris comme au Seigneur; car le mari est le chef de la femme, comme Christ est le chef de l'Église. Que les femmes soient soumises à leurs maris, selon le Seigneur. Qu'elles aiment leurs enfants. qu'elles soient modestes, chastes, demeurant dans leurs maisons. Que leur parure ne soit point celle du dehors, mais que leur ornement soit celui de l'homme intérieur et spirituel, savoir la pureté incorruptible d'un esprit doux et paisible, qui est un grand prix devant Dieu.

Tels sont, mes bien-aimés, les devoirs que Dieu impose à chacun de vous. Sans doute, ces devoirs sont parfaitement réciproques; ils sont également graves, et entraînent une responsabilité sérieuse des deux parts. Mais ils sont en même temps différents pour chacun des époux. La Providence vous a assigné, dans le mariage, une sphère d'activité commune et cependant distincte.

A vous, jeune époux, destiné à être le guide et le chef de la famille, à vous les soins de la vocation terrestre, la vie extérieure, cette main énergique, qui protège et qui dirige. A vous les soins, les soucis, les luttes avec le monde, la responsabilité de l'avenir, le travail et le dévoûment.

A vous, jeune épouse, la vie intérieure, les soins, les soucis, les luttes aussi, mais dans le sein de la famille. A vous aussi le travail et le dévoûment.

A chacun de vous une tâche particulière pour concourir à un but commun, celui du bonheur mutuel, dans la voie du perfectionnement moral.

Tels sont, mes bien-aimés, les devoirs qui sont tracés à chacun de vous. Tel est le but idéal du mariage. Telles sont les conditions auxquelles vous accomplirez la volonté que l'Éternel a manifestée lorsqu'il a dit : *Il n'est pas bon que l'homme soit seul!*

Mais comment atteindre ce but? Comment réaliser cet idéal dans votre vie? Tout dépend, mes bien-aimés, de la manière dont vous considérez cette sainte institution.

Si le mariage était pour vous ce qu'il est si souvent, hélas! aux yeux du monde, une simple association de fortune, d'intérêts, de plaisirs, tendant à augmenter la somme de vos jouissances et de vos avantages temporels, ou bien un lien formé aux jours brillants de la vie, par les passions les plus entraînantes du cœur humain, telles que l'amour, l'ambition ou le goût du plaisir, ce point de vue, en apparence riant et flatteur, ne saurait vous conduire à la réalisation de l'idéal, et deviendrait bientôt non-seulement l'occasion, mais encore la cause réelle d'une méprise funeste et de mécomptes amers.

Une union basée sur de pareils motifs ne peut présenter de véritables conditions de bonheur. Ces deux existences que le mariage devait unir pour n'en faire qu'une, ne seront pas sérieusement et réellement unies, et la séparation se creusera tous les jours davantage. On peut se côtoyer durant la vie entière sans se réunir jamais. Des occupations diverses remplissent les heures, et des intérêts différents préoccupent les esprits. Il y a deux buts, deux avenirs, et ces deux existences juxta-posées l'une à l'autre, froides, réservées, personnelles, oh ! combien elles sont éloignées de cette fusion des âmes, qui doit apporter aux époux le bonheur et le progrès.

Est-ce pour ce triste résultat, mes bien-aimés, que Dieu a établi le lien sacré du mariage ? Est-ce pour cela qu'il a dit : *Il n'est pas bon que l'homme soit seul ?*... Hélas ! dans une pareille union, l'homme n'est-il pas encore seul ?

Voilà, mes frères, le mariage mondain, charnel, égoïste, abondant en fruits amers et en douloureuses expériences.

Telle ne sera pas, mes bien-aimés, l'union que vous contractez. Votre mariage sera un mariage chrétien.

Le mariage chrétien, voilà le mariage tel qu'il doit être, pour assurer le bonheur ici-bas, et le préparer pour l'éternité. L'union conjugale devient alors l'union de deux êtres immortels, qui portent en eux la conscience de leur valeur morale, et qui marchent ensemble, s'appuyant l'un sur l'autre, se fortifiant l'un par l'autre, dans les épreuves et les inévitables combats de l'existence, les yeux levés au ciel, où brillent pour eux toutes les espérances de la croix.

Le mari sait qu'il doit aimer sa femme, comme Jésus-Christ a aimé son Église, c'est-à-dire, d'une tendresse pure, ferme, dévouée, qui tend à perfectionner son objet. Il sait que sa femme lui est donnée comme une compagne, comme une aide fidèle, qu'elle est confiée à ses soins par le Tout-puissant, et qu'il doit la conduire dans le chemin du salut. Son amour s'accroît de cette pensée, et en reçoit un caractère sérieux, qui le rend plus tendre et plus touchant. Il se plaît à former son esprit, son jugement, mais surtout à fortifier son âme, à la nourrir, à l'épurer par la bienfaisante et salutaire influence de l'Évangile.

La femme chrétienne, à son tour, regarde son mari comme un guide précieux. Instruite par l'É-vangile à l'honorer comme son chef, à lui obéir comme au Seigneur, elle aime à se considérer comme son amie, comme son aide. Ce titre est pour elle le plus beau de tous, et elle se voit sans cesse dans celui qu'elle veut aider, et qu'elle est chargée de rendre heureux. Voilà sa pensée dominante, le but constant qu'elle se propose, et pour lequel elle conforme son caractère, ses facultés, ses habitudes et son humeur.

Une pareille union, mes frères, repose sur le seul

fondement qui ne puisse être renversé : l'amour de Dieu et la piété. Quelle douceur doivent goûter, en effet, ces époux chrétiens dans leurs entretiens religieux, dans la pensée de la divine Providence, qui les a unis et qui veille sur eux; de ce Sauveur dont l'inépuisable Grâce se fait sentir à leur âme, de ce Ciel qui les attend, de cette immortalité bienheureuse, dans le sein du Père, où il y a des rassasiements de joie pour jamais, où il n'y a plus ni pleurs, ni cris, ni douleurs, ni gémissements, mais une joie pure et céleste dans la paisible Éternité ! Quelle force pour s'aimer, pour se soutenir, pour supporter ensemble les maux et les épreuves ! Quelle force pour vivre et pour mourir ! —

Tels sont, mes bien-aimés, les traits essentiels du mariage chrétien, que vous prendrez pour modèle dans l'union que vous contractez ici devant Dieu et devant les hommes. Vous en sentirez toute la sainteté, et vous comprendrez toute la grandeur des devoirs réciproques qui vous sont imposés.

### Jeune époux,

En vous voyant ici, à côté de celle qui devient votre compagne pour la vie, entouré de tant de parents bien-aimés, parmi lesquels sans doute votre cœur cherche, sans la trouver, celle qui vous aimait tant, cette tendre mère, dont cette fête solennelle aurait bien réjoui le cœur maternel, mais qui certainement, du séjour de la Gloire, vous contemple en ce moment, prend part à votre bonheur, et vous bénit dans son amour, — en vous voyant au seuil d'une existence nouvelle, jeune, plein d'espérance et attendant beaucoup de la vie, ne vous étonnez pas, si la Religion vous parlant par ma voix, en cet instant si sérieux, vous avertit des grands devoirs que vous avez désormais à remplir.

En vous confiant le bonheur de leur enfant, ses parents vous ont confié une tâche qui vous paraît bien douce, mais qui en même temps est bien sérieuse. Celle qui devient votre compagne, quitte, conformément à l'ordre de l'Écriture, son père et sa mère, pour suivre l'époux que son cœur a choisi. C'est à vous à lui rendre tout ce qu'elle quitte; c'est à vous à devenir son guide, son soutien, sa force dans la vie. Votre amour doit la couvrir comme d'une sainte Égide, pour la préserver et la défendre contre elle-même et contre le monde; vous devez rendre dévoûment pour dévoûment, sacrifice pour sacrifice. Mais, pour cela, il faut d'abord aller vous-même à la source du pur amour, à la source vivifiante de l'Évangile, qui transforme et épure le cœur. L'amour naturel est fugitif, périssable de sa nature; il dégénère bien vite en amour de soi-même, en égoïsme, en mondanité. C'est en Dieu que vous devez aimer votre femme, c'est pour elle, et non pas pour vous. C'est pour son bonheur. Et non pas seulement pour son bonheur terrestre, mais pour son bonheur éternel. Vous devez voir en elle, avant tout, une âme immortelle, au salut de laquelle vous pouvez puissamment contribuer par vos conseils et votre exemple. Songez, mon frère, qu'ici-bas, ses parents vous confient avec une inquiète tendresse et une vive sollicitude le bonheur de leur enfant, et que vous serez aussi appelé à en rendre compte devant Dieu, au grand jour des rénumérations.

Et vous aussi, jeune épouse chrétienne,

Vos devoirs sont bien importants et bien sérieux. Si jeune encore, la vie, dès aujourd'hui, va se montrer à vous sous un aspect différent et plus grave. Gardez-vous de croire que votre éducation soit finie au moment de votre mariage. Elle commence au contraire, pour ne s'achever qu'au tombeau. Seulement, au lieu de cette tendre mère, qui guidait tous vos pas, qui suivait sa fille d'un œil indulgent et lui facilitait tout effort, au lieu de cette influence sympathique et si douce de l'amour maternel, vous allez passer à l'influence plus ardente et plus mâle de l'amour conjugal. Jusqu'à ce jour vous avez vécu dans cette atmosphère de la maison paternelle, pareille à cet air doux et embaumé, au sein duquel on élève les plantes jeunes et délicates. L'atmosphère du mariage, dans laquelle vous allez vivre, plus lumineuse, mais moins égale, ressemble à l'air extérieur, où le soleil brille dans toute sa splendeur, mais où tombent aussi tour à tour, les tièdes rosées fécondantes et les pluies d'orage, et quelquefois aussi des coups de tonnerre.

Votre horizon va s'agrandir, votre position se

transformer. Vous allez avoir à faire avec le monde extérieur, souvent avec votre propre cœur, souvent avec le cœur de votre mari. Vous allez être abandonnée à vous-même en bien des choses. Sans doute vous trouverez dans la main à la fois énergique et tendre de votre époux un appui, un secours, qui ne vous fera jamais défaut. Mais le monde exercera cependant son influence sur vous : il faudra lutter, combattre, se préserver. L'avenir ne vous épargnera pas plus que les autres mortels, et vous réserve aussi votre part d'épreuves, de douleurs, de craintes et d'angoisses. Il faut donc armer votre jeune courage et aborder sérieusement cette vie si sérieuse.

Ces devoirs qui vous sont imposés, ce devoir si touchant et si sublime, de prêter votre secours à un être plus puissant que vous, en apparence, d'orner sa vie et de la rendre heureuse, et de fonder votre bonheur sur la sympathie et la confiance mutuelle, ce devoir, qui constitue la véritable vocation de la femme, et qui semble parfois au-dessus de ses forces, comment l'accomplirez-vous, si votre âme ne s'appuie sur Celui qui est la force, comme il est le Chemin, la Vérité et la Vie?

Pour être à la hauteur de votre mission, il faut donc que votre âme s'élève jusqu'à Dieu sur les ailes de la Foi; il vous faut une vie chrétienne, une vie cachée en Christ avec Dieu. Il vous faut une foi simple, confiante, ferme; il faut, comme Marie, que vous alliez vous asseoir aux pieds de Jésus, repassant en votre âme et méditant les Paroles du divin Maître, et que tout en vous soit humilité, confiance et obéissance chrétienne.

Sans la foi, vous resterez désarmée et sans force pour résister aux tentations et aux épreuves de la vie. Voyez l'épouse, la mère chrétienne agenouillée auprès du lit où souffre, où expire un mari, un enfant, voyez-la levant les regards vers le ciel pour suivre cette âme qui s'envole, et, les yeux en pleurs, mais l'éclat de la douce résignation sur le visage, disant ces simples mots : *L'Éternel l'avait donné, l'Éternel l'a ôté, que le nom de l'Éternel soit béni!* et vous comprendrez la nécessité, la puissance de la Foi pour consoler, pour éclairer, pour fortifier, pour sauver vos âmes. La femme n'est-elle pas appelée à exercer, pour ainsi dire, la charge de confesseur de l'Évangile au sein de la famille? Ne doit-elle point guider les premiers pas de ses enfants dans la voie du salut, leur apprendre à bégayer le nom de l'Éternel et ouvrir leurs jeunes cœurs à la douce et salutaire influence de l'Évangile?

O mes bien-aimés, pouvez-vous comprendre l'union intime, profonde, de deux êtres qui s'aiment, avec le doute, l'indifférence ou l'incrédulité entre entre eux? Pouvez-vous comprendre une affection durable sans la soif de l'Éternité? Et n'est-ce pas, au contraire, le propre de l'amour de s'élancer par delà le temps, pour s'épanouir plus librement dans l'infini? —

Oh! ne vous contentez pas de l'heure qui s'enfuit, de cette existence d'un moment ; ne renfermez pas toutes vos espérances dans le cercle étroit de la vie humaine ! Élevez vos cœurs plus haut. Ne dites pas : L'union que nous formons est pour le temps, est pour cette vie ; mais dites : L'union que nous formons en ce monde, est pour le temps et pour l'Éternité. Amen.

## BÉNÉDICTION NUPTIALE.

*Bien-aimés en Jésus-Christ,*

Maintenant que vous connaissez la nature et les devoirs du mariage, d'après la Parole de Dieu, êtes-vous résolus de vivre chrétiennement, l'un avec l'autre, conformément à cette sainte Parole ? Est-ce votre dessein d'implorer la bénédiction divine par vos prières, de vous aider, de vous supporter mutuellement et d'édifier votre maison sur le fondement inébranlable de Jésus-Christ ? Est-ce dans cette intention que vous voulez que votre mariage soit béni et confirmé devant Dieu et son Église ?

*Réponse :* Oui.

Vous donc, CHARLES SCHLUMBERGER, vous déclarez ici, devant Dieu et devant son Église, en présence de vos parents et de vos amis, que vous prenez MÉLANIE ZUBER, ici présente, pour votre épouse légitime. Vous promettez de la garder, de l'aimer, de l'entretenir, de vivre saintement avec elle, de lui garder la foi, comme c'est le devoir d'un bon et fidèle mari envers sa femme , et comme Dieu vous le commande dans sa Parole. Est-ce là ce que vous promettez devant Dieu?

*Réponse :* Oui.

Vous, Mélanie Zuber , vous déclarez ici , devant Dieu et devant son Église , en présence de vos parents et de vos amis, que vous prenez Charles Schlumberger, ici présent, pour votre mari légitime. Vous promettez de l'aimer, de lui être soumise , de lui être fidèle , et de vivre saintement avec lui, comme c'est le devoir d'une épouse chrétienne , et comme Dieu le commande dans sa Parole. Est-ce là ce que vous promettez devant Dieu?

*Réponse :* Oui.

Et maintenant joignez vos mains pour recevoir la bénédiction nuptiale.

En conséquence de vos promesses solennelles , et en ma qualité de Ministre ordonné de l'Église , je confirme ici , au nom de Dieu le Père , le Fils et le Saint-Esprit , l'alliance que vous venez de contracter , et je vous déclare unis par le lien sacré du mariage, au nom de l'Église , comme vous l'avez été au nom de la Loi. Que le Seigneur répande sur votre union ses bénédictions les plus précieuses. Votre alliance est indissoluble. Que l'homme ne sépare point ce que Dieu a joint ainsi. Amen!

N'oubliez jamais les promesses que vous venez de faire en présence de Dieu et de son Église. Songez que Dieu les a entendues et les a inscrites dans le Ciel. Songez que de votre négligence ou de votre fidélité à les remplir, dépend votre bonheur ou votre malheur dans ce monde et dans l'autre. Rendez votre union toujours plus douce par des égards et des soins réciproques; sanctifiez-la par la prière. Reprenez-vous l'un l'autre de vos défauts; mais faites-le avec un esprit de douceur, sans aigreur et sans emportement. Affermissez-vous dans l'amour de tout ce qui est bien, et nourrissez vos cœurs de cette piété, qui a les promesses de la vie présente et de la vie à venir. Que l'Église de Dieu soit édifiée par votre conduite, par votre vie pure et sainte, par vos vertus chrétiennes, et que chacun apprenne, par votre exemple, qu'il n'y a d'union vraiment heureuse que celle qui a pour base la foi et la piété !

En un mot, conformez-vous à ces recommandations de l'Apôtre : « Soyez en bonne intelligence; ayez une même charité; soyez bien unis ensemble; ayez les mêmes sentiments qu'a eus Jésus-Christ; ne faites rien par un esprit de contestation, ni par vaine gloire; mais faites tout sans murmures et sans disputes, étant remplis de compassion, vous aimant fraternellement, étant miséricordieux et doux, ne regardant point chacun à son intérêt particulier, mais aussi à celui des autres, et marchant en toute humilité. » Dieu vous accorde cette Grâce, mes bien-aimés, par notre Seigneur Jésus-Christ ! Amen.

## CHANT.

Ils ont imploré ton saint nom,
Comble, Seigneur, leur union
De ta faveur céleste.
Sur leur maison verse ta paix;
Que ta grâce en mille bienfaits
Sur eux se manifeste.
Amen !
Amen !
Sois leur guide,
Leur égide.
Sanctifie
Chacun des jours de leur vie.

# RUNDGESANG

## BEIM GASTMAHL GESUNGEN.

---

Melodie : Freude schœner Gœtterfunken. [1])

Freude, wahre Herzensfreude
Strählet hell in Aller Blick;
Ein geliebtes Paar steht heute
*bis.* Froh verklärt in Liebes-Glück.
Grosser Wurf, du bist gelungen
Und zwei Herzen sind vereint,
Holdes Weib, du bist errungen.
Du gefunden! treuer Freund!

*Chor :* Ziehet hin, Ihr lieben Beiden,
Ziehet hin an Gottes Hand,
Nach dem fernen Heimathland,
Wird sein Segen Euch geleiten.

---

Schön ist Eures Lebens Morgen,
Lieblich Euer Erdenloos,
Und Ihr scheidet, frei von Sorgen,
*bis.* Aus des Vaterhauses Schoos.

O vergesst, vergesset nimmer
Gottes Hand, die Alles schenkt,
In des Lebens buntem Schimmer
Blickt auf den, der's Schifflein lenkt.

*Chor:* Vater, durch das Weltgetümmel
    Führe sie zu dir hinan,
    Führe auf des Lebens Kahn
    Sicher sie in deinen Himmel!

Ist die Stätt' auch leer geblieben,
Wo die theure Tochter stand,
Ist ja unsers Herzens Lieben
*bis.* Nicht an Zeit und Ort gebannt.
Es umschlingt auf fernen Wegen
Sie ein zartes Liebesband,
Und der guten Eltern Segen
Folgt ihr an des Meeres Strand.

*Chor:* Segnend, seh'n aus unsrer Mitte
    Wir Dich scheiden, theure Braut;
    Sieh' wir haben Gott vertraut,
    Er gewährt der Freundschaft Bitte.

Und auch Du sei uns gesegnet
Lieber Karl, Gott sei mit Dir — —
Was uns jetzt so tief beweget
*bis.* Ist ein Anklang — — nicht von hier.
Nein, von Jenseits tönet leise
Geistergruss und Liebesweh'n:

»Sohn, auf Deiner Pilgerreise
»Wird mein Segen mit Dir geh'n. «

*Chor:* Gläubig, stille lasst uns blicken,
Nach dem himmlischen Gezelt,
Dort wird, in der bessern Welt,
Wiedersehen uns beglücken.

———

Und so lasst den Becher kreisen,
Unsrer Eltern Fest-Pokal :
Lebe hoch, den edlen Greisen
*bis.* Schalle froh beim Hochzeitsmahl!
Wie ein Kranz, der immer blühet,
Schmücket sie der Kinder Schaar,
Und ihr Abendroth erglühet
Festlich unserm jungen Paar.

*Chor:* Lebet hoch und lebet weise,
Bis des Vaters Stimme ruft :
Kinder, an der stillen Gruft
Endet unsre Lebensreise.

www.ingramcontent.com/pod-product-compliance
Lightning Source LLC
Chambersburg PA
CBHW051151050726
47594CB00007B/2837